우리말 관세음보살보문품

사경의 목적

사경은 경전의 뜻을 보다 깊이 이해하려는 목적도 있지만, 부처님의 말씀을 옮겨 쓰는 경건한 수행을 통해 자기의 신심信心과 원력을 부처님의 말씀과 일체화시켜서 신앙의 힘을 키워나가는데 더 큰 목적이 있다.

조용히 호흡을 가다듬고 부처님의 말씀을 마음으로 되새기며, 정신을 집중하여 사경에 임하다 보면 자신도 모르는 사이에 사경 삼매에 들게 된다. 또한 심신心身이 청정해져 부처님의 마음과 통하게 되니, 부처님의 지혜의 빛과 자비광명이 우리의 마음속 깊이 스며들어 온다.

그러면 몸과 마음이 안락과 행복을 느끼면서 내 주변의 모든 존재에 대한 자비심이 일어나니, 사경의 공덕은 이렇듯 그 자리에서 이익을 가져온다.

사경하는 마음

경전에 표기된 글자는 단순한 문자가 아니라 부처님께서 깨달은 진리라는 상징성을 갖고 있다. 경전의 글자 하나하나가 중생구제를 서원하신 부처님의 마음이며, 중생을 진리의 길로 인도하는 지침인 것이다.

예로부터 사경을 하며 1자3배의 정성을 기울인 것도 경전의 한 글자 한 글자에 부처님이 함께하신다고 생각했기 때문이다. 사경이 수행인 동시에 기도의 일환으로 불자들에게 널리 행해지는 까닭이 여기에 있다.

사경은 부처님의 가르침과 함께하는 시간이며 부처님과 함께하는 시간이다. 부처님의 말씀을 가슴으로 받아들이고 마음으로 찬탄하며 진실로 기쁘게 환희로워야 하는 시간인 것이다.

따라서 사경은 가장 청정한 마음으로 임해야 한다.

사경의 공덕

❀ 마음이 안정되고 평화로워져 미소가 떠나질 않는다.

❀ 부처님을 믿는 마음이 더욱 굳건해진다.

❀ 번뇌 망상, 어리석은 마음이 사라지고 지혜가 증장한다.

❀ 생업이 더욱 번창한다.

❀ 좋은 인연을 만나고 착한 선과가 날로 더해진다.

❀ 업장이 소멸되며 소원한 바가 반드시 이루어진다.

❀ 불보살님과 천지신명이 보호해 주신다.

❀ 각종 질환이나 재난, 구설수 등 현실의 고苦를 소멸시킨다.

❀ 선망조상이 왕생극락하고 원결 맺은 다겁생의 영가들이
   이고득락離苦得樂한다.

❀ 가정이 화목하고 자손들의 앞길이 밝게 열린다.

사경하는 절차

1. 몸을 깨끗이 하고 옷차림을 단정히 한다.

2. 사경할 준비를 갖춘다.(사경상, 좌복, 필기도구 등)

3. 삼배 후, 의식문이 있으면 의식문을 염송한다.

4. 좌복 위에 단정히 앉아 마음을 고요히 한다.
   (잠시 입정하면 더욱 좋다.)

5. 붓이나 펜으로 한 자 한 자 정성스럽게 사경을 시작한다.

6. 사경이 끝나면 사경 발원문을 염송한다.

7. 삼배로 의식을 마친다.

◆ 기도를 더 하고 싶을 때에는 사경이 끝난 뒤, 경전 독송이나
   108배 참회기도, 또는 그날 사경한 내용을 참구하는 명상 시간을
   갖는 것도 좋다.

◆ 사경에 사용하는 붓이나 펜은 사경 이외의 다른 용도에 사용하지
   않도록 한다.

◆ 완성된 사경은 집안에서 가장 정갈한 곳(혹은 높은 곳)에 보관하거나,
   경건하게 소각시킨다.

발 원 문

년   월   일

우리말 관세음보살보문품

그때에 무진의보살이 자리에서 일어나 오른쪽 어깨를 드러내고 합장하고 부처님을 향하여 여쭈었다.

『세존이시여, 관세음보살은 무슨 인연으로 관세음이라 하나이까.』

부처님이 무진의보살에게 말씀하셨다.

『선남자여, 만일 한량없는 백천만억 중생이 모든 괴로움을 받을 적에 관세음보살의 이름을 듣고 일심으로 관세음보살을 염하면 곧 그 음성을 관찰하고 다 해탈케 하느니라.

관세음보살의 이름을 지니는 이는 설사 큰

불에 들어가도 불이 능히 태우지 못하나니

이는 보살의 위엄과 신력을 말미암음이니라.

큰 물에 떠내려 가더라도 그 이름을 염하면

곧 얕은 곳을 얻게 되며, 만일 백천만억 중

생이 금·은·유리·자거·마노·산호·호

박·진주 등 보배를 구하려고 큰 바다에 들

어갔다가 가령 폭풍에 밀려 그 배가 나찰들

의 나라에 잡혔을 때라도 그 가운데 한 사람

이라도 관세음보살의 이름을 염하는 이가

있으면 여러 사람들이 모두 나찰의 난을 벗

어나게 되나니 이런 인연으로 관세음이라

하느니라.

또 어떤 사람이 해를 입게 되었을 때에 관세

음보살의 이름을 염하면 그들이 가진 칼과 무

기가 조각조각 부서져서 벗어나게 되느니라.

만일 삼천대천 세계에 가득한 야차와 나찰

들이 와서 사람을 괴롭히려 하다가도 그 사

람이 관세음보살의 이름을 지성으로 염하면 이 악귀들이 흉악한 눈으로 보지도 못하거늘 하물며 해칠 수가 있으랴.

또 어떤 사람이 죄가 있거나 없거나 간에 수갑과 고랑과 칼과 사슬이 그 몸을 속박하였더라도 관세음보살의 이름을 염하면 모두 부서지고 끊어져서 벗어나게 되느니라.

만일 삼천대천세계에 도적이 가득찼는데, 어떤 날 주인이 귀중한 보물을 가진 장사꾼들을 데리고 험난한 길을 지나갈 때에 그 중에 한 사람이 말하기를 「선남자들아, 무서워하지 말고 그대들은 일심으로 관세음보살의 이름을 염하라. 이 보살은 능히 중생들의 두려움을 없애주나니 그대들이 관세음보살의 이름만 염하면 이 도적들의 난을 벗어나게 되리라」하자 여러 장사꾼들이 함께 소리를 내어 「나무 관세음보살」하고 그 이름을 염

한 까닭으로 곧 벗어나게 되느니라.

무진의여, 관세음보살마하살의 위엄력과 신력이 이렇게 크나니라.

어떤 중생이 음욕이 많더라도 항상 관세음보살을 생각하고 공경하면 문득 음욕을 여의게 되고 만일 성내는 마음이 많더라도 항상 관세음보살을 생각하고 공경하면 문득 성내는 마음을 여의게 되고 만일 어리석은 마음이 많더라도 항상 관세음보살을 생각하고 공경하면 문득 어리석음을 여의게 되느니라.

무진의여, 관세음보살은 이러한 큰 위엄과 신력이 있어 이익케 하나니, 그러므로 중생들은 항상 마음으로 생각할 것이니라.

어떤 여인이 아들 낳기를 원하여 관세음보살께 예배하고 공양하면 문득 복덕 많고 지혜있는 아들을 낳게 되고 딸을 낳기를 원하면 문득 단정하고 어여쁜 딸을 낳으리니 전

세에 덕의 근본을 심었으므로 모든 사람이

사랑하고 공경하리라.

무진의여, 관세음보살은 이와 같은 힘이 있

느니라.

만일 중생이 관세음보살께 공경하고 예배하

면 복이 헛되지 않으리니 그러므로 중생들

은 모두 관세음보살의 이름을 받아 지닐 것

이니라.

무진의여, 어떤 사람이 육십이억 항하사 보

살의 이름을 받아 지니고, 또 몸이 다하도록

음식과 의복과 침구와 의약으로 공양한다면

그대는 어떻게 생각하느냐.

이 선남자 선여인의 공덕이 많겠느냐.』

무진의보살이 말하였다.

『매우 많겠나이다. 세존이시여.』

부처님이 말씀하셨다.

『만일 어떤 사람이 관세음보살의 이름을 받

아 지니고 한때만이라도 예배하고 공양하면,
이 두 사람의 복이 꼭 같고 다름이 없어서 백
천만억 겁에 이르러도 다하지 아니하리라.
무진의여, 관세음보살의 이름을 받아 지니
면 이와 같이 한량없고 그지없는 복덕의 이
익을 얻느니라.』
무진의보살이 부처님께 사뢰었다.
『세존이시여, 관세음보살이 어떻게 이 사바
세계에 다니며, 어떻게 중생을 위하여 법을
말하며 방편의 힘은 어떠하나이까.』
부처님이 무진의보살에게 말씀하셨다.
『선남자여, 관세음보살은 부처의 몸으로써
제도할 이에게는 부처의 몸을 나타내어 법
을 말하고,
벽지불의 몸으로 제도할 이에게는 벽지불의
몸을 나타내어 법을 말하고 성문의 몸으로
제도할 이에게는 성문의 몸을 나타내어 법

을 말하느니라.

범천왕의 몸으로 제도할 이에게는 범천왕의 몸을 나타내어 법을 말하고,

제석천왕의 몸으로 제도할 이에게는 제석천왕의 몸을 나타내어 법을 말하고,

자재천의 몸으로 제도할 이에게는 자재천의 몸을 나타내어 법을 말하고,

대자재천의 몸으로 제도할 이에게는 대자재천의 몸을 나타내어 법을 말하고,

하늘 대장군의 몸으로 제도할 이에게는 하늘 대장군의 몸을 나타내어 법을 말하고,

비사문의 몸으로 제도할 이에게는 비사문의 몸을 나타내어 법을 말하고,

작은 왕의 몸으로 제도할 이에게는 작은 왕의 몸을 나타내어 법을 말하고,

장자의 몸으로 제도할 이에게는 장자의 몸을 나타내어 법을 말하고,

거사의 몸으로 제도할 이에게는 거사의 몸

을 나타내어 법을 말하고,

재상의 몸으로 제도할 이에게는 재상의 몸

을 나타내어 법을 말하고,

바라문의 몸으로 제도할 이에게는 바라문의

몸을 나타내어 법을 말하느니라.

비구·비구니·우바새·우바이의 몸으로 제

도할 이에게는 비구·비구니·우바새·우바

이의 몸을 나타내어 법을 말하고,

장자·거사·재상·바라문·부인의 몸으로

제도할 이에게는 부인의 몸을 나타내어 법

을 말하고,

동남·동녀의 몸으로 제도할 이에게는 동

남·동녀의 몸을 나타내어 법을 말하느니라.

하늘·용·야차·건달바·아수라·가루

라·긴나라·마후라가·사람·사람 아닌 이

들의 몸으로 제도할 이에게는 다 그 몸을 나

타내어 법을 말하고,

집금강신으로 제도할 이에게는 집금강신을 나타내어 법을 말하느니라.

무진의여, 관세음보살이 이와 같은 공덕을 성취하고 가지가지 형상으로 여러 국토에 다니면서 중생을 제도하여 해탈케 하나니, 그러므로 그대들은 마땅히 한결같은 마음으로 관세음보살께 공양해야 하느니라.

관세음보살마하살은 무섭고 급한 재난 가운데서도 두려움을 없게 하나니 그러므로 이 사바세계에서 모두 그를 이름하여 두려움을 없애주는 분이라 하느니라.』

무진의보살이 부처님께 사뢰었다.

『세존이시여, 제가 지금 관세음보살께 공양하겠나이다.』

그리고 곧 목에 장식하였던 백천금이나 되는 영락을 드리면서 이렇게 말했다.

『어진 이시여, 법으로 보시하는 보배 영락을 받으옵소서.』

이 때에 관세음보살은 받지 않으려 하거늘 무진의가 다시 관세음보살께 여쭈었다.

『어진 이시여, 우리를 어여삐 여기시어 이 영락을 받으소서.』

이 때 부처님이 관세음보살에게 말씀하셨다.

『마땅히 이 무진의보살과 사부대중과 하늘·용·야차·건달바·아수라·가루라· 긴나라·마후라가·사람·사람 아닌 이들을 어여삐 여겨서 영락을 받으라.』

곧 그때 관세음보살이 사부대중과 하늘· 용·사람·사람 아닌 이들을 어여삐 여겨서 그 영락을 받아 두 몫으로 나누어 한 몫은 석가모니부처님께 공양하고 한 몫은 다보부처님께 공양하였다.

『무진의여, 관세음보살은 이렇게 자유자재한

신통의 힘이 있어 사바세계에 다니느니라.』

이 때에 무진의보살이 게송으로 여쭈었다.

묘한 상호 갖추신 부처님께

제가 지금 저 일을 물자오니

불자들이 어떠한 인연으로써

관세음보살이라 이르나이까.

묘한 상호 갖추신 세존께옵서 게송으로

무진의에게 대답하시되

그대는 잘 들으라 관음의 높은 덕은 곳에

따라 마땅히 응하느니라.

큰 서원은 바다같이 깊어서

헤아릴 수 없는 여러 겁 동안

여러 천억 부처님 모셔 받들며

청정한 큰 서원을 세웠느니라.

내 이제 그대에게 줄여서 말하노니

그 이름을 듣거나 모습을 보는 이가

지극한 마음으로 깊이 새기면

모든 세상 괴로움 소멸하리라.

어떤 이가 해치려는 생각을 품고

불구덩이에 밀어서 떨어뜨려도

관세음을 염하는 거룩한 힘이

불구덩을 못으로 변하게 하고

큰바다에 빠져서 떠내려갈제

용과 고기 귀신의 난을 만나도

관세음을 염하는 거룩한 힘은

파도를 잠재워 안온케 하네.

수미산 봉우리에 서 있을 때에

어떤 이가 밀어서 떨어뜨려도

관세음을 염하는 거룩한 힘이

해와같이 허공에 떠 있게 하고

흉악한 사람에게 쫓겨 가다가

금강산에 떨어져 굴러 내려도

관세음을 염하는 거룩한 힘이

털끝 하나 손상치 못하게 하네.

원수진 도적에게 둘러싸여서

제각기 칼을 들고 해하려 해도

관세음을 염하는 거룩한 힘이

그들에게 자비한 맘 생기게 하고

어쩌다가 국법을 어기게 되어

망나니의 칼끝에 서게 되어도

관세음을 염하는 거룩한 힘에

칼날이 조각조각 부수어지네.

옥중에 갇히어서 큰칼을 쓰고

손발에 고랑을 채웠더라도

관세음을 염하는 거룩한 힘에

저절로 시원하게 풀려 나오고

방자히 저주하며 독한 약으로

나의 몸을 해치려 할지라도

관세음을 염하는 거룩한 힘에

도리어 그 사람이 다치게 되네.

흉악한 나찰이나 독한 용들이

이내 몸을 해치려 한다 하여도

관세음을 염하는 거룩한 힘이

오히려 그들에게 항복케 하고

사나운 짐승들에 둘러싸여서

험상한 이와 발톱 무섭더라도

관세음을 염하는 거룩한 힘이

그들을 오히려 도망케 하네.

살모사 독사같은 무서운 독충들

독기가 불꽃처럼 내뿜더라도

관세음을 염하는 거룩한 힘에

소리 듣고 스스로 피하여 가고

검은 구름 천둥에 번개 치면서

우박과 소나기가 퍼붓더라도

관세음을 염하는 거룩한 힘에

잠시간에 흩어져 걷히게 되네.

중생들이 곤액과 핍박을 받아

한량없는 괴로움 닥치더라도

관세음의 기묘한 지혜의 힘이

세간의 모든 고통 구하여 주네.

신통하고 묘한 힘 두루 갖추고

지혜의 여러 방편 널리 닦아서

시방의 모든 세계 어디서든지

갖가지 몸 나투어 없는데 없어

가지가지 험하고 나쁜 갈래인

지옥과 아귀 축생들까지

나고 늙고 병들고 죽는 고통을

차츰차츰 모두 다 없애버리네.

참되고 깨끗하게 보살피시고

넓고크신 지혜로 관찰하시며

자비한 마음으로 보듬으시니

언제나 원하면서 우러를지라.

때 없이 청정하고 밝은 광명이

해와 같은 지혜로 어둠 깨치고

풍재와 화재들을 굴복시키고

골고루 이 세상 비춰주시니

대비는 체가 되고 계행은 우뢰되고

자비하신 마음은 묘한 큰 구름

감로의 법비를 내려 주셔서

번뇌의 더운 불꽃 소멸하오며

송사하고 다투는 법정에서나

무섭고 겁이 나는 진중에서도

관세음을 염하는 거룩한 힘이

원수들을 물리쳐 흩어버리네.

미묘한 음성이신 관세음보살

범천왕의 음성과 조수의 음성

세간의 음성보다 뛰어나시니

갈수록 사무침이 더해만 가네.

거룩하고 청정하신 관세음보살

중생들은 조금도 의심치 말고

세상사 고뇌 속의 등대이시니

능히 믿고 의지할 어버이시네.

여러가지 공덕을 다 갖추시고

자비한 눈길로 중생을 보시며

중생의 원함따라 복덕 주시어

그 공덕 한량없나니 예배할지라.

그 때에 지지(持地)보살이 자리에서 일어나

부처님 앞에 나아가 사뢰었다.

『세존이시여, 만일 중생으로서 이 관세음보

살보문품의 자재하신 법문과 넓은 문으로 나

타내시는 신통한 힘을 듣는 이가 있으면, 이

사람의 공덕이 적지 아니함을 알겠나이다.』

부처님이 이 모든 보문품을 말씀하실 때에

팔만사천 중생들이 위 없이 높고 평등한 아

뇩다라삼먁삼보리심을 내었다.

우리말 관세음보살보문품

그때에 무진의보살이 자리에서 일어나 오른쪽 어깨를 드러내고 합장하고 부처님을 향하여 여쭈었다.

『세존이시여, 관세음보살은 무슨 인연으로 관세음이라 하나이까.』

부처님이 무진의보살에게 말씀하셨다.

『선남자여, 만일 한량없는 백천만억 중생이 모든 괴로움을 받을 적에 관세음보살의 이름을 듣고 일심으로 관세음보살을 염하면 곧 그 음성을 관찰하고 다 해탈케 하느니라.

관세음보살의 이름을 지니는 이는 설사 큰

불에 들어가도 불이 능히 태우지 못하나니 이는 보살의 위엄과 신력을 말미암음이니라.

큰 물에 떠내려 가더라도 그 이름을 염하면 곧 얕은 곳을 얻게 되며, 만일 백천만억 중생이 금·은·유리·자거·마노·산호·호박·진주 등 보배를 구하려고 큰 바다에 들어갔다가 가령 폭풍에 밀려 그 배가 나찰들의 나라에 잡혔을 때라도 그 가운데 한 사람이라도 관세음보살의 이름을 염하는 이가 있으면 여러 사람들이 모두 나찰의 난을 벗어나게 되나니 이런 인연으로 관세음이라 하느니라.

또 어떤 사람이 해를 입게 되었을 때에 관세음보살의 이름을 염하면 그들이 가진 칼과 무기가 조각조각 부서져서 벗어나게 되느니라.

만일 삼천대천 세계에 가득한 야차와 나찰들이 와서 사람을 괴롭히려 하다가도 그 사

람이 관세음보살의 이름을 지성으로 염하면
이 악귀들이 흉악한 눈으로 보지도 못하거
늘 하물며 해칠 수가 있으랴.
또 어떤 사람이 죄가 있거나 없거나 간에 수
갑과 고랑과 칼과 사슬이 그 몸을 속박하였
더라도 관세음보살의 이름을 염하면 모두
부서지고 끊어져서 벗어나게 되느니라.
만일 삼천대천세계에 도적이 가득찼는데,
어떤 날 주인이 귀중한 보물을 가진 장사꾼
들을 데리고 험난한 길을 지나갈 때에 그 중
에 한 사람이 말하기를「선남자들아, 무서워
하지 말고 그대들은 일심으로 관세음보살의
이름을 염하라. 이 보살은 능히 중생들의 두
려움을 없애주나니 그대들이 관세음보살의
이름만 염하면 이 도적들의 난을 벗어나게
되리라」하자 여러 장사꾼들이 함께 소리를
내어「나무 관세음보살」하고 그 이름을 염

한 까닭으로 곧 벗어나게 되느니라.

무진의여, 관세음보살마하살의 위엄력과 신력이 이렇게 크나니라.

어떤 중생이 음욕이 많더라도 항상 관세음보살을 생각하고 공경하면 문득 음욕을 여의게 되고 만일 성내는 마음이 많더라도 항상 관세음보살을 생각하고 공경하면 문득 성내는 마음을 여의게 되고 만일 어리석은 마음이 많더라도 항상 관세음보살을 생각하고 공경하면 문득 어리석음을 여의게 되느니라.

무진의여, 관세음보살은 이러한 큰 위엄과 신력이 있어 이익케 하나니, 그러므로 중생들은 항상 마음으로 생각할 것이니라.

어떤 여인이 아들 낳기를 원하여 관세음보살께 예배하고 공양하면 문득 복덕 많고 지혜있는 아들을 낳게 되고 딸을 낳기를 원하면 문득 단정하고 어여쁜 딸을 낳으리니 전

세에 덕의 근본을 심었으므로 모든 사람이

사랑하고 공경하리라.

무진의여, 관세음보살은 이와 같은 힘이 있

느니라.

만일 중생이 관세음보살께 공경하고 예배하

면 복이 헛되지 않으리니 그러므로 중생들

은 모두 관세음보살의 이름을 받아 지닐 것

이니라.

무진의여, 어떤 사람이 육십이억 항하사 보

살의 이름을 받아 지니고, 또 몸이 다하도록

음식과 의복과 침구과 의약으로 공양한다면

그대는 어떻게 생각하느냐.

이 선남자 선여인의 공덕이 많겠느냐.』

무진의보살이 말하였다.

『매우 많겠나이다. 세존이시여.』

부처님이 말씀하셨다.

『만일 어떤 사람이 관세음보살의 이름을 받

아 지니고 한때만이라도 예배하고 공양하면,
이 두 사람의 복이 꼭 같고 다름이 없어서 백
천만억 겁에 이르러도 다하지 아니하리라.
무진의여, 관세음보살의 이름을 받아 지니
면 이와 같이 한량없고 그지없는 복덕의 이
익을 얻느니라.』
무진의보살이 부처님께 사뢰었다.
『세존이시여, 관세음보살이 어떻게 이 사바
세계에 다니며, 어떻게 중생을 위하여 법을
말하며 방편의 힘은 어떠하나이까.』
부처님이 무진의보살에게 말씀하셨다.
『선남자여, 관세음보살은 부처의 몸으로써
제도할 이에게는 부처의 몸을 나타내어 법
을 말하고,
벽지불의 몸으로 제도할 이에게는 벽지불의
몸을 나타내어 법을 말하고 성문의 몸으로
제도할 이에게는 성문의 몸을 나타내어 법

을 말하느니라.

범천왕의 몸으로 제도할 이에게는 범천왕의 몸을 나타내어 법을 말하고,

제석천왕의 몸으로 제도할 이에게는 제석천왕의 몸을 나타내어 법을 말하고,

자재천의 몸으로 제도할 이에게는 자재천의 몸을 나타내어 법을 말하고,

대자재천의 몸으로 제도할 이에게는 대자재천의 몸을 나타내어 법을 말하고,

하늘 대장군의 몸으로 제도할 이에게는 하늘 대장군의 몸을 나타내어 법을 말하고,

비사문의 몸으로 제도할 이에게는 비사문의 몸을 나타내어 법을 말하고,

작은 왕의 몸으로 제도할 이에게는 작은 왕의 몸을 나타내어 법을 말하고,

장자의 몸으로 제도할 이에게는 장자의 몸을 나타내어 법을 말하고,

거사의 몸으로 제도할 이에게는 거사의 몸을 나타내어 법을 말하고,

재상의 몸으로 제도할 이에게는 재상의 몸을 나타내어 법을 말하고,

바라문의 몸으로 제도할 이에게는 바라문의 몸을 나타내어 법을 말하느니라.

비구·비구니·우바새·우바이의 몸으로 제도할 이에게는 비구·비구니·우바새·우바이의 몸을 나타내어 법을 말하고,

장자·거사·재상·바라문·부인의 몸으로 제도할 이에게는 부인의 몸을 나타내어 법을 말하고,

동남·동녀의 몸으로 제도할 이에게는 동남·동녀의 몸을 나타내어 법을 말하느니라.

하늘·용·야차·건달바·아수라·가루라·긴나라·마후라가·사람·사람 아닌 이들의 몸으로 제도할 이에게는 다 그 몸을 나

타내어 법을 말하고,

집금강신으로 제도할 이에게는 집금강신을
나타내어 법을 말하느니라.

무진의여, 관세음보살이 이와 같은 공덕을
성취하고 가지가지 형상으로 여러 국토에
다니면서 중생을 제도하여 해탈케 하나니,
그러므로 그대들은 마땅히 한결같은 마음으
로 관세음보살께 공양해야 하느니라.

관세음보살마하살은 무섭고 급한 재난 가운
데서도 두려움을 없게 하나니 그러므로 이
사바세계에서 모두 그를 이름하여 두려움을
없애주는 분이라 하느니라.』

무진의보살이 부처님께 사뢰었다.

『세존이시여, 제가 지금 관세음보살께 공양
하겠나이다.』

그리고 곧 목에 장식하였던 백천금이나 되
는 영락을 드리면서 이렇게 말했다.

『어진 이시여, 법으로 보시하는 보배 영락을 받으옵소서.』

이 때에 관세음보살은 받지 않으려 하거늘 무진의가 다시 관세음보살께 여쭈었다.

『어진 이시여, 우리를 어여삐 여기시어 이 영락을 받으소서.』

이 때 부처님이 관세음보살에게 말씀하셨다.

『마땅히 이 무진의보살과 사부대중과 하늘·용·야차·건달바·아수라·가루라·긴나라·마후라가·사람·사람 아닌 이들을 어여삐 여겨서 영락을 받으라.』

곧 그때 관세음보살이 사부대중과 하늘·용·사람·사람 아닌 이들을 어여삐 여겨서 그 영락을 받아 두 몫으로 나누어 한 몫은 석가모니부처님께 공양하고 한 몫은 다보부처님께 공양하였다.

『무진의여, 관세음보살은 이렇게 자유자재한

신통의 힘이 있어 사바세계에 다니느니라.』

이 때에 무진의보살이 게송으로 여쭈었다.

　묘한 상호 갖추신 부처님께

　제가 지금 저 일을 묻자오니

　불자들이 어떠한 인연으로써

　관세음보살이라 이르나이까.

　묘한 상호 갖추신 세존께옵서 게송으로

　무진의에게 대답하시되

　그대는 잘 들으라 관음의 높은 덕은 곳에

　따라 마땅히 응하느니라.

　큰 서원은 바다같이 깊어서

　헤아릴 수 없는 여러 겁 동안

　여러 천억 부처님 모셔 받들며

　청정한 큰 서원을 세웠느니라.

　내 이제 그대에게 줄여서 말하노니

　그 이름을 듣거나 모습을 보는 이가

　지극한 마음으로 깊이 새기면

모든 세상 괴로움 소멸하리라.

어떤 이가 해치려는 생각을 품고

불구덩이에 밀어서 떨어뜨려도

관세음을 염하는 거룩한 힘이

불구덩을 못으로 변하게 하고

큰바다에 빠져서 떠내려갈제

용과 고기 귀신의 난을 만나도

관세음을 염하는 거룩한 힘은

파도를 잠재워 안온케 하네.

수미산 봉우리에 서 있을 때에

어떤 이가 밀어서 떨어뜨려도

관세음을 염하는 거룩한 힘이

해와같이 허공에 떠 있게 하고

흉악한 사람에게 쫓겨 가다가

금강산에 떨어져 굴러 내려도

관세음을 염하는 거룩한 힘이

털끝 하나 손상치 못하게 하네.

원수진 도적에게 둘러싸여서

제각기 칼을 들고 해하려 해도

관세음을 염하는 거룩한 힘이

그들에게 자비한 맘 생기게 하고

어쩌다가 국법을 어기게 되어

망나니의 칼끝에 서게 되어도

관세음을 염하는 거룩한 힘에

칼날이 조각조각 부수어지네.

옥중에 갇히어서 큰칼을 쓰고

손발에 고랑을 채웠더라도

관세음을 염하는 거룩한 힘에

저절로 시원하게 풀려 나오고

방자히 저주하며 독한 약으로

나의 몸을 해치려 할지라도

관세음을 염하는 거룩한 힘에

도리어 그 사람이 다치게 되네.

흉악한 나찰이나 독한 용들이

이내 몸을 해치려 한다 하여도

관세음을 염하는 거룩한 힘이

오히려 그들에게 항복케 하고

사나운 짐승들에 둘러싸여서

험상한 이와 발톱 무섭더라도

관세음을 염하는 거룩한 힘이

그들을 오히려 도망케 하네.

살모사 독사같은 무서운 독충들

독기가 불꽃처럼 내뿜더라도

관세음을 염하는 거룩한 힘에

소리 듣고 스스로 피하여 가고

검은 구름 천둥에 번개 치면서

우박과 소나기가 퍼붓더라도

관세음을 염하는 거룩한 힘에

잠시간에 흩어져 걷히게 되네.

중생들이 곤액과 핍박을 받아

한량없는 괴로움 닥치더라도

관세음의 기묘한 지혜의 힘이

세간의 모든 고통 구하여 주네.

신통하고 묘한 힘 두루 갖추고

지혜의 여러 방편 널리 닦아서

시방의 모든 세계 어디서든지

갖가지 몸 나투어 없는데 없어

가지가지 험하고 나쁜 갈래인

지옥과 아귀 축생들까지

나고 늙고 병들고 죽는 고통을

차츰차츰 모두 다 없애버리네.

참되고 깨끗하게 보살피시고

넓고크신 지혜로 관찰하시며

자비한 마음으로 보듬으시니

언제나 원하면서 우러를지라.

때 없이 청정하고 밝은 광명이

해와 같은 지혜로 어둠 깨치고

풍재와 화재들을 굴복시키고

골고루 이 세상 비춰주시니

대비는 체가 되고 계행은 우뢰되고

자비하신 마음은 묘한 큰 구름

감로의 법비를 내려 주셔서

번뇌의 더운 불꽃 소멸하오며

송사하고 다투는 법정에서나

무섭고 겁이 나는 진중에서도

관세음을 염하는 거룩한 힘이

원수들을 물리쳐 흩어버리네.

미묘한 음성이신 관세음보살

범천왕의 음성과 조수의 음성

세간의 음성보다 뛰어나시니

갈수록 사무침이 더해만 가네.

거룩하고 청정하신 관세음보살

중생들은 조금도 의심치 말고

세상사 고뇌 속의 등대이시니

능히 믿고 의지할 어버이시네.

여러가지 공덕을 다 갖추시고

자비한 눈길로 중생을 보시며

중생의 원함따라 복덕 주시어

그 공덕 한량없나니 예배할지라.

그 때에 지지(持地)보살이 자리에서 일어나

부처님 앞에 나아가 사뢰었다.

『세존이시여, 만일 중생으로서 이 관세음보

살보문품의 자재하신 법문과 넓은 문으로 나

타내시는 신통한 힘을 듣는 이가 있으면, 이

사람의 공덕이 적지 아니함을 알겠나이다.』

부처님이 이 모든 보문품을 말씀하실 때에

팔만사천 중생들이 위 없이 높고 평등한 아

뇩다라삼먁삼보리심을 내었다.

우리말 관세음보살보문품

그때에 무진의보살이 자리에서 일어나 오른쪽 어깨를 드러내고 합장하고 부처님을 향하여 여쭈었다.

『세존이시여, 관세음보살은 무슨 인연으로 관세음이라 하나이까.』

부처님이 무진의보살에게 말씀하셨다.

『선남자여, 만일 한량없는 백천만억 중생이 모든 괴로움을 받을 적에 관세음보살의 이름을 듣고 일심으로 관세음보살을 염하면 곧 그 음성을 관찰하고 다 해탈케 하느니라.

관세음보살의 이름을 지니는 이는 설사 큰

불에 들어가도 불이 능히 태우지 못하나니 이는 보살의 위엄과 신력을 말미암음이니라.

큰 물에 떠내려 가더라도 그 이름을 염하면 곧 얕은 곳을 얻게 되며, 만일 백천만억 중생이 금·은·유리·자거·마노·산호·호박·진주 등 보배를 구하려고 큰 바다에 들어갔다가 가령 폭풍에 밀려 그 배가 나찰들의 나라에 잡혔을 때라도 그 가운데 한 사람이라도 관세음보살의 이름을 염하는 이가 있으면 여러 사람들이 모두 나찰의 난을 벗어나게 되나니 이런 인연으로 관세음이라 하느니라.

또 어떤 사람이 해를 입게 되었을 때에 관세음보살의 이름을 염하면 그들이 가진 칼과 무기가 조각조각 부서져서 벗어나게 되느니라.

만일 삼천대천 세계에 가득한 야차와 나찰들이 와서 사람을 괴롭히려 하다가도 그 사

람이 관세음보살의 이름을 지성으로 염하면 이 악귀들이 흉악한 눈으로 보지도 못하거늘 하물며 해칠 수가 있으랴.

또 어떤 사람이 죄가 있거나 없거나 간에 수갑과 고랑과 칼과 사슬이 그 몸을 속박하였더라도 관세음보살의 이름을 염하면 모두 부서지고 끊어져서 벗어나게 되느니라.

만일 삼천대천세계에 도적이 가득찼는데, 어떤 날 주인이 귀중한 보물을 가진 장사꾼들을 데리고 험난한 길을 지나갈 때에 그 중에 한 사람이 말하기를 「선남자들아, 무서워하지 말고 그대들은 일심으로 관세음보살의 이름을 염하라. 이 보살은 능히 중생들의 두려움을 없애주나니 그대들이 관세음보살의 이름만 염하면 이 도적들의 난을 벗어나게 되리라」하자 여러 장사꾼들이 함께 소리를 내어 「나무 관세음보살」하고 그 이름을 염

한 까닭으로 곧 벗어나게 되느니라.

무진의여, 관세음보살마하살의 위엄력과 신력이 이렇게 크나니라.

어떤 중생이 음욕이 많더라도 항상 관세음보살을 생각하고 공경하면 문득 음욕을 여의게 되고 만일 성내는 마음이 많더라도 항상 관세음보살을 생각하고 공경하면 문득 성내는 마음을 여의게 되고 만일 어리석은 마음이 많더라도 항상 관세음보살을 생각하고 공경하면 문득 어리석음을 여의게 되느니라.

무진의여, 관세음보살은 이러한 큰 위엄과 신력이 있어 이익케 하나니, 그러므로 중생들은 항상 마음으로 생각할 것이니라.

어떤 여인이 아들 낳기를 원하여 관세음보살께 예배하고 공양하면 문득 복덕 많고 지혜있는 아들을 낳게 되고 딸을 낳기를 원하면 문득 단정하고 어여쁜 딸을 낳으리니 전

세에 덕의 근본을 심었으므로 모든 사람이 사랑하고 공경하리라.

무진의여, 관세음보살은 이와 같은 힘이 있느니라.

만일 중생이 관세음보살께 공경하고 예배하면 복이 헛되지 않으리니 그러므로 중생들은 모두 관세음보살의 이름을 받아 지닐 것이니라.

무진의여, 어떤 사람이 육십이억 항하사 보살의 이름을 받아 지니고, 또 몸이 다하도록 음식과 의복과 침구과 의약으로 공양한다면 그대는 어떻게 생각하느냐.

이 선남자 선여인의 공덕이 많겠느냐.』

무진의보살이 말하였다.

『매우 많겠나이다. 세존이시여.』

부처님이 말씀하셨다.

『만일 어떤 사람이 관세음보살의 이름을 받

아 지니고 한때만이라도 예배하고 공양하면,
이 두 사람의 복이 꼭 같고 다름이 없어서 백
천만억 겁에 이르러도 다하지 아니하리라.
무진의여, 관세음보살의 이름을 받아 지니
면 이와 같이 한량없고 그지없는 복덕의 이
익을 얻느니라.』

무진의보살이 부처님께 사뢰었다.

『세존이시여, 관세음보살이 어떻게 이 사바
세계에 다니며, 어떻게 중생을 위하여 법을
말하며 방편의 힘은 어떠하나이까.』

부처님이 무진의보살에게 말씀하셨다.

『선남자여, 관세음보살은 부처의 몸으로써
제도할 이에게는 부처의 몸을 나타내어 법
을 말하고,

벽지불의 몸으로 제도할 이에게는 벽지불의
몸을 나타내어 법을 말하고 성문의 몸으로
제도할 이에게는 성문의 몸을 나타내어 법

을 말하느니라.

범천왕의 몸으로 제도할 이에게는 범천왕의 몸을 나타내어 법을 말하고,

제석천왕의 몸으로 제도할 이에게는 제석천왕의 몸을 나타내어 법을 말하고,

자재천의 몸으로 제도할 이에게는 자재천의 몸을 나타내어 법을 말하고,

대자재천의 몸으로 제도할 이에게는 대자재천의 몸을 나타내어 법을 말하고,

하늘 대장군의 몸으로 제도할 이에게는 하늘 대장군의 몸을 나타내어 법을 말하고,

비사문의 몸으로 제도할 이에게는 비사문의 몸을 나타내어 법을 말하고,

작은 왕의 몸으로 제도할 이에게는 작은 왕의 몸을 나타내어 법을 말하고,

장자의 몸으로 제도할 이에게는 장자의 몸을 나타내어 법을 말하고,

거사의 몸으로 제도할 이에게는 거사의 몸
을 나타내어 법을 말하고,

재상의 몸으로 제도할 이에게는 재상의 몸
을 나타내어 법을 말하고,

바라문의 몸으로 제도할 이에게는 바라문의
몸을 나타내어 법을 말하느니라.

비구·비구니·우바새·우바이의 몸으로 제
도할 이에게는 비구·비구니·우바새·우바
이의 몸을 나타내어 법을 말하고,

장자·거사·재상·바라문·부인의 몸으로
제도할 이에게는 부인의 몸을 나타내어 법
을 말하고,

동남·동녀의 몸으로 제도할 이에게는 동
남·동녀의 몸을 나타내어 법을 말하느니라.

하늘·용·야차·건달바·아수라·가루
라·긴나라·마후라가·사람·사람 아닌 이
들의 몸으로 제도할 이에게는 다 그 몸을 나

타내어 법을 말하고,

집금강신으로 제도할 이에게는 집금강신을 나타내어 법을 말하느니라.

무진의여, 관세음보살이 이와 같은 공덕을 성취하고 가지가지 형상으로 여러 국토에 다니면서 중생을 제도하여 해탈케 하나니, 그러므로 그대들은 마땅히 한결같은 마음으로 관세음보살께 공양해야 하느니라.

관세음보살마하살은 무섭고 급한 재난 가운데서도 두려움을 없게 하나니 그러므로 이 사바세계에서 모두 그를 이름하여 두려움을 없애주는 분이라 하느니라.』

무진의보살이 부처님께 사뢰었다.

『세존이시여, 제가 지금 관세음보살께 공양하겠나이다.』

그리고 곧 목에 장식하였던 백천금이나 되는 영락을 드리면서 이렇게 말했다.

『어진 이시여, 법으로 보시하는 보배 영락을 받으옵소서.』

이 때에 관세음보살은 받지 않으려 하거늘 무진의가 다시 관세음보살께 여쭈었다.

『어진 이시여, 우리를 어여삐 여기시어 이 영락을 받으소서.』

이 때 부처님이 관세음보살에게 말씀하셨다.

『마땅히 이 무진의보살과 사부대중과 하늘·용·야차·건달바·아수라·가루라·긴나라·마후라가·사람·사람 아닌 이들을 어여삐 여겨서 영락을 받으라.』

곧 그때 관세음보살이 사부대중과 하늘·용·사람·사람 아닌 이들을 어여삐 여겨서 그 영락을 받아 두 몫으로 나누어 한 몫은 석가모니부처님께 공양하고 한 몫은 다보부처님께 공양하였다.

『무진의여, 관세음보살은 이렇게 자유자재한

신통의 힘이 있어 사바세계에 다니느니라.』

이 때에 무진의보살이 게송으로 여쭈었다.

묘한 상호 갖추신 부처님께

제가 지금 저 일을 묻자오니

불자들이 어떠한 인연으로써

관세음보살이라 이르나이까.

묘한 상호 갖추신 세존께옵서 게송으로

무진의에게 대답하시되

그대는 잘 들으라 관음의 높은 덕은 곳에

따라 마땅히 응하느니라.

큰 서원은 바다같이 깊어서

헤아릴 수 없는 여러겁 동안

여러 천억 부처님 모셔 받들며

청정한 큰 서원을 세웠느니라.

내 이제 그대에게 줄여서 말하노니

그 이름을 듣거나 모습을 보는 이가

지극한 마음으로 깊이 새기면

모든 세상 괴로움 소멸하리라.

어떤 이가 해치려는 생각을 품고

불구덩이에 밀어서 떨어뜨려도

관세음을 염하는 거룩한 힘이

불구덩을 못으로 변하게 하고

큰바다에 빠져서 떠내려갈제

용과 고기 귀신의 난을 만나도

관세음을 염하는 거룩한 힘은

파도를 잠재워 안온케 하네.

수미산 봉우리에 서 있을 때에

어떤 이가 밀어서 떨어뜨려도

관세음을 염하는 거룩한 힘이

해와같이 허공에 떠 있게 하고

흉악한 사람에게 쫓겨 가다가

금강산에 떨어져 굴러 내려도

관세음을 염하는 거룩한 힘이

털끝 하나 손상치 못하게 하네.

원수진 도적에게 둘러싸여서

제각기 칼을 들고 해하려 해도

관세음을 염하는 거룩한 힘이

그들에게 자비한 맘 생기게 하고

어쩌다가 국법을 어기게 되어

망나니의 칼끝에 서게 되어도

관세음을 염하는 거룩한 힘에

칼날이 조각조각 부수어지네.

옥중에 갇히어서 큰칼을 쓰고

손발에 고랑을 채웠더라도

관세음을 염하는 거룩한 힘에

저절로 시원하게 풀려 나오고

방자히 저주하며 독한 약으로

나의 몸을 해치려 할지라도

관세음을 염하는 거룩한 힘에

도리어 그 사람이 다치게 되네.

흉악한 나찰이나 독한 용들이

이내 몸을 해치려 한다 하여도

관세음을 염하는 거룩한 힘이

오히려 그들에게 항복케 하고

사나운 짐승들에 들러싸여서

험상한 이와 발톱 무섭더라도

관세음을 염하는 거룩한 힘이

그들을 오히려 도망케 하네.

살모사 독사같은 무서운 독충들

독기가 불꽃처럼 내뿜더라도

관세음을 염하는 거룩한 힘에

소리 듣고 스스로 피하여 가고

검은 구름 천둥에 번개 치면서

우박과 소나기가 퍼붓더라도

관세음을 염하는 거룩한 힘에

잠시간에 흘어져 걷히게 되네.

중생들이 곤액과 핍박을 받아

한량없는 괴로움 닥치더라도

관세음의 기묘한 지혜의 힘이

세간의 모든 고통 구하여 주네.

신통하고 묘한 힘 두루 갖추고

지혜의 여러 방편 널리 닦아서

시방의 모든 세계 어디서든지

갖가지 몸 나투어 없는데 없어

가지가지 험하고 나쁜 갈래인

지옥과 아귀 축생들까지

나고 늙고 병들고 죽는 고통을

차츰차츰 모두 다 없애버리네.

참되고 깨끗하게 보살피시고

넓고크신 지혜로 관찰하시며

자비한 마음으로 보듬으시니

언제나 원하면서 우러를지라.

때 없이 청정하고 밝은 광명이

해와 같은 지혜로 어둠 깨치고

풍재와 화재들을 굴복시키고

골고루 이 세상 비춰주시니

대비는 체가 되고 계행은 우뢰되고

자비하신 마음은 묘한 큰 구름

감로의 법비를 내려 주셔서

번뇌의 더운 불꽃 소멸하오며

송사하고 다투는 법정에서나

무섭고 겁이 나는 진중에서도

관세음을 염하는 거룩한 힘이

원수들을 물리쳐 흩어버리네.

미묘한 음성이신 관세음보살

범천왕의 음성과 조수의 음성

세간의 음성보다 뛰어나시니

갈수록 사무침이 더해만 가네.

거룩하고 청정하신 관세음보살

중생들은 조금도 의심치 말고

세상사 고뇌 속의 등대이시니

능히 믿고 의지할 어버이시네.

여러가지 공덕을 다 갖추시고

자비한 눈길로 중생을 보시며

중생의 원함따라 복덕 주시어

그 공덕 한량없나니 예배할지라.

그 때에 지지(持地)보살이 자리에서 일어나

부처님 앞에 나아가 사뢰었다.

『세존이시여, 만일 중생으로서 이 관세음보

살보문품의 자재하신 법문과 넓은 문으로 나

타내시는 신통한 힘을 듣는 이가 있으면, 이

사람의 공덕이 적지 아니함을 알겠나이다.』

부처님이 이 모든 보문품을 말씀하실 때에

팔만사천 중생들이 위 없이 높고 평등한 아

뇩다라삼먁삼보리심을 내었다.

우리말 관세음보살보문품

그때에 무진의보살이 자리에서 일어나 오른쪽 어깨를 드러내고 합장하고 부처님을 향하여 여쭈었다.

『세존이시여, 관세음보살은 무슨 인연으로 관세음이라 하나이까.』

부처님이 무진의보살에게 말씀하셨다.

『선남자여, 만일 한량없는 백천만억 중생이 모든 괴로움을 받을 적에 관세음보살의 이름을 듣고 일심으로 관세음보살을 염하면 곧 그 음성을 관찰하고 다 해탈케 하느니라.

관세음보살의 이름을 지니는 이는 설사 큰

불에 들어가도 불이 능히 태우지 못하나니 이는 보살의 위엄과 신력을 말미암음이니라.

큰 물에 떠내려 가더라도 그 이름을 염하면 곧 얕은 곳을 얻게 되며, 만일 백천만억 중생이 금·은·유리·자거·마노·산호·호박·진주 등 보배를 구하려고 큰 바다에 들어갔다가 가령 폭풍에 밀려 그 배가 나찰들의 나라에 잡혔을 때라도 그 가운데 한 사람이라도 관세음보살의 이름을 염하는 이가 있으면 여러 사람들이 모두 나찰의 난을 벗어나게 되나니 이런 인연으로 관세음이라 하느니라.

또 어떤 사람이 해를 입게 되었을 때에 관세음보살의 이름을 염하면 그들이 가진 칼과 무기가 조각조각 부서져서 벗어나게 되느니라.

만일 삼천대천 세계에 가득한 야차와 나찰들이 와서 사람을 괴롭히려 하다가도 그 사

람이 관세음보살의 이름을 지성으로 염하면
이 악귀들이 흉악한 눈으로 보지도 못하거
늘 하물며 해칠 수가 있으랴.

또 어떤 사람이 죄가 있거나 없거나 간에 수
갑과 고랑과 칼과 사슬이 그 몸을·속박하였
더라도 관세음보살의 이름을 염하면 모두
부서지고 끊어져서 벗어나게 되느니라.

만일 삼천대천세계에 도적이 가득찼는데,
어떤 날 주인이 귀중한 보물을 가진 장사꾼
들을 데리고 험난한 길을 지나갈 때에 그 중
에 한 사람이 말하기를「선남자들아, 무서워
하지 말고 그대들은 일심으로 관세음보살의
이름을 염하라. 이 보살은 능히 중생들의 두
려움을 없애주나니 그대들이 관세음보살의
이름만 염하면 이 도적들의 난을 벗어나게
되리라」하자 여러 장사꾼들이 함께 소리를
내어「나무 관세음보살」하고 그 이름을 염

한 까닭으로 곧 벗어나게 되느니라.

무진의여, 관세음보살마하살의 위엄력과 신력이 이렇게 크니니라.

어떤 중생이 음욕이 많더라도 항상 관세음보살을 생각하고 공경하면 문득 음욕을 여의게 되고 만일 성내는 마음이 많더라도 항상 관세음보살을 생각하고 공경하면 문득 성내는 마음을 여의게 되고 만일 어리석은 마음이 많더라도 항상 관세음보살을 생각하고 공경하면 문득 어리석음을 여의게 되느니라.

무진의여, 관세음보살은 이러한 큰 위엄과 신력이 있어 이익케 하나니, 그러므로 중생들은 항상 마음으로 생각할 것이니라.

어떤 여인이 아들 낳기를 원하여 관세음보살께 예배하고 공양하면 문득 복덕 많고 지혜있는 아들을 낳게 되고 딸을 낳기를 원하면 문득 단정하고 어여쁜 딸을 낳으리니 전

세에 덕의 근본을 심었으므로 모든 사람이 사랑하고 공경하리라.

무진의여, 관세음보살은 이와 같은 힘이 있느니라. .

만일 중생이 관세음보살께 공경하고 예배하면 복이 헛되지 않으리니 그러므로 중생들은 모두 관세음보살의 이름을 받아 지닐 것이니라.

무진의여, 어떤 사람이 육십이억 항하사 보살의 이름을 받아 지니고, 또 몸이 다하도록 음식과 의복과 침구과 의약으로 공양한다면 그대는 어떻게 생각하느냐.

이 선남자 선여인의 공덕이 많겠느냐.』

무진의보살이 말하였다.

『매우 많겠나이다. 세존이시여.』

부처님이 말씀하셨다.

『만일 어떤 사람이 관세음보살의 이름을 받

아 지니고 한때만이라도 예배하고 공양하면,
이 두 사람의 복이 꼭 같고 다름이 없어서 백
천만억 겁에 이르러도 다하지 아니하리라.
무진의여, 관세음보살의 이름을 받아 지니
면 이와 같이 한량없고 그지없는 복덕의 이
익을 얻느니라.』
무진의보살이 부처님께 사뢰었다.
『세존이시여, 관세음보살이 어떻게 이 사바
세계에 다니며, 어떻게 중생을 위하여 법을
말하며 방편의 힘은 어떠하나이까.』
부처님이 무진의보살에게 말씀하셨다.
『선남자여, 관세음보살은 부처의 몸으로써
제도할 이에게는 부처의 몸을 나타내어 법
을 말하고,
벽지불의 몸으로 제도할 이에게는 벽지불의
몸을 나타내어 법을 말하고 성문의 몸으로
제도할 이에게는 성문의 몸을 나타내어 법

을 말하느니라.

범천왕의 몸으로 제도할 이에게는 범천왕의 몸을 나타내어 법을 말하고,

제석천왕의 몸으로 제도할 이에게는 제석천왕의 몸을 나타내어 법을 말하고,

자재천의 몸으로 제도할 이에게는 자재천의 몸을 나타내어 법을 말하고,

대자재천의 몸으로 제도할 이에게는 대자재천의 몸을 나타내어 법을 말하고,

하늘 대장군의 몸으로 제도할 이에게는 하늘 대장군의 몸을 나타내어 법을 말하고,

비사문의 몸으로 제도할 이에게는 비사문의 몸을 나타내어 법을 말하고,

작은 왕의 몸으로 제도할 이에게는 작은 왕의 몸을 나타내어 법을 말하고,

장자의 몸으로 제도할 이에게는 장자의 몸을 나타내어 법을 말하고,

거사의 몸으로 제도할 이에게는 거사의 몸
을 나타내어 법을 말하고,

재상의 몸으로 제도할 이에게는 재상의 몸
을 나타내어 법을 말하고,

바라문의 몸으로 제도할 이에게는 바라문의
몸을 나타내어 법을 말하느니라.

비구·비구니·우바새·우바이의 몸으로 제
도할 이에게는 비구·비구니·우바새·우바
이의 몸을 나타내어 법을 말하고,

장자·거사·재상·바라문·부인의 몸으로
제도할 이에게는 부인의 몸을 나타내어 법
을 말하고,

동남·동녀의 몸으로 제도할 이에게는 동
남·동녀의 몸을 나타내어 법을 말하느니라.

하늘·용·야차·건달바·아수라·가루
라·긴나라·마후라가·사람·사람 아닌 이
들의 몸으로 제도할 이에게는 다 그 몸을 나

타내어 법을 말하고,

집금강신으로 제도할 이에게는 집금강신을

나타내어 법을 말하느니라.

무진의여, 관세음보살이 이와 같은 공덕을

성취하고 가지가지 형상으로 여러 국토에

다니면서 중생을 제도하여 해탈케 하나니,

그러므로 그대들은 마땅히 한결같은 마음으

로 관세음보살께 공양해야 하느니라.

관세음보살마하살은 무섭고 급한 재난 가운

데서도 두려움을 없게 하나니 그러므로 이

사바세계에서 모두 그를 이름하여 두려움을

없애주는 분이라 하느니라.』

무진의보살이 부처님께 사뢰었다.

『세존이시여, 제가 지금 관세음보살께 공양

하겠나이다.』

그리고 곧 목에 장식하였던 백천금이나 되

는 영락을 드리면서 이렇게 말했다.

『어진 이시여, 법으로 보시하는 보배 영락을 받으옵소서.』

이 때에 관세음보살은 받지 않으려 하거늘 무진의가 다시 관세음보살께 여쭈었다.

『어진 이시여, 우리를 어여삐 여기시어 이 영락을 받으소서.』

이 때 부처님이 관세음보살에게 말씀하셨다.

『마땅히 이 무진의보살과 사부대중과 하늘·용·야차·건달바·아수라·가루라·긴나라·마후라가·사람·사람 아닌 이들을 어여삐 여겨서 영락을 받으라.』

곧 그때 관세음보살이 사부대중과 하늘·용·사람·사람 아닌 이들을 어여삐 여겨서 그 영락을 받아 두 몫으로 나누어 한 몫은 석가모니부처님께 공양하고 한 몫은 다보부처님께 공양하였다.

『무진의여, 관세음보살은 이렇게 자유자재한

신통의 힘이 있어 사바세계에 다니느니라.』

이 때에 무진의보살이 게송으로 여쭈었다.

　묘한 상호 갖추신 부처님께

　제가 지금 저 일을 묻자오니

　불자들이 어떠한 인연으로써

　관세음보살이라 이르나이까.

　묘한 상호 갖추신 세존께옵서 게송으로

　무진의에게 대답하시되

　그대는 잘 들으라 관음의 높은 덕은 곳에

　따라 마땅히 응하느니라.

　큰 서원은 바다같이 깊어서

　헤아릴 수 없는 여러겁 동안

　여러 천억 부처님 모셔 받들며

　청정한 큰 서원을 세웠느니라.

　내 이제 그대에게 줄여서 말하노니

　그 이름을 듣거나 모습을 보는 이가

　지극한 마음으로 깊이 새기면

모든 세상 괴로움 소멸하리라.

어떤 이가 해치려는 생각을 품고

불구덩이에 밀어서 떨어뜨려도

관세음을 염하는 거룩한 힘이

불구덩을 못으로 변하게 하고

큰바다에 빠져서 떠내려갈제

용과 고기 귀신의 난을 만나도

관세음을 염하는 거룩한 힘은

파도를 잠재워 안온케 하네.

수미산 봉우리에 서 있을 때에

어떤 이가 밀어서 떨어뜨려도

관세음을 염하는 거룩한 힘이

해와같이 허공에 떠 있게 하고

흉악한 사람에게 쫓겨 가다가

금강산에 떨어져 굴러 내려도

관세음을 염하는 거룩한 힘이

털끝 하나 손상치 못하게 하네.

원수진 도적에게 둘러싸여서

제각기 칼을 들고 해하려 해도

관세음을 염하는 거룩한 힘이

그들에게 자비한 맘 생기게 하고

어쩌다가 국법을 어기게 되어

망나니의 칼끝에 서게 되어도

관세음을 염하는 거룩한 힘에

칼날이 조각조각 부수어지네.

옥중에 갇히어서 큰칼을 쓰고

손발에 고랑을 채웠더라도

관세음을 염하는 거룩한 힘에

저절로 시원하게 풀려 나오고

방자히 저주하며 독한 약으로

나의 몸을 해치려 할지라도

관세음을 염하는 거룩한 힘에

도리어 그 사람이 다치게 되네.

흉악한 나찰이나 독한 용들이

이내 몸을 해치려 한다 하여도

관세음을 염하는 거룩한 힘이

오히려 그들에게 항복케 하고

사나운 짐승들에 둘러싸여서

험상한 이와 발톱 무섭더라도

관세음을 염하는 거룩한 힘이

그들을 오히려 도망케 하네.

살모사 독사같은 무서운 독충들

독기가 불꽃처럼 내뿜더라도

관세음을 염하는 거룩한 힘에

소리 듣고 스스로 피하여 가고

검은 구름 천둥에 번개 치면서

우박과 소나기가 퍼붓더라도

관세음을 염하는 거룩한 힘에

잠시간에 흩어져 걷히게 되네.

중생들이 곤액과 핍박을 받아

한량없는 괴로움 닥치더라도

관세음의 기묘한 지혜의 힘이

세간의 모든 고통 구하여 주네.

신통하고 묘한 힘 두루 갖추고

지혜의 여러 방편 널리 닦아서

시방의 모든 세계 어디서든지

갖가지 몸 나투어 없는데 없어

가지가지 험하고 나쁜 갈래인

지옥과 아귀 축생들까지

나고 늙고 병들고 죽는 고통을

차츰차츰 모두 다 없애버리네.

참되고 깨끗하게 보살피시고

넓고크신 지혜로 관찰하시며

자비한 마음으로 보듬으시니

언제나 원하면서 우러를지라.

때 없이 청정하고 밝은 광명이

해와 같은 지혜로 어둠 깨치고

풍재와 화재들을 굴복시키고

골고루 이 세상 비춰주시니

대비는 체가 되고 계행은 우뢰되고

자비하신 마음은 묘한 큰 구름

감로의 법비를 내려 주셔서

번뇌의 더운 불꽃 소멸하오며

송사하고 다투는 법정에서나

무섭고 겁이 나는 진중에서도

관세음을 염하는 거룩한 힘이

원수들을 물리쳐 흩어버리네.

미묘한 음성이신 관세음보살

범천왕의 음성과 조수의 음성

세간의 음성보다 뛰어나시니

갈수록 사무침이 더해만 가네.

거룩하고 청정하신 관세음보살

중생들은 조금도 의심치 말고

세상사 고뇌 속의 등대이시니

능히 믿고 의지할 어버이시네.

여러가지 공덕을 다 갖추시고

자비한 눈길로 중생을 보시며

중생의 원함따라 복덕 주시어

그 공덕 한량없나니 예배할지라.

그 때에 지지(持地)보살이 자리에서 일어나

부처님 앞에 나아가 사뢰었다.

『세존이시여, 만일 중생으로서 이 관세음보

살보문품의 자재하신 법문과 넓은 문으로 나

타내시는 신통한 힘을 듣는 이가 있으면, 이

사람의 공덕이 적지 아니함을 알겠나이다.』

부처님이 이 모든 보문품을 말씀하실 때에

팔만사천 중생들이 위 없이 높고 평등한 아

뇩다라삼먁삼보리심을 내었다.

우리말 관세음보살보문품

그때에 무진의보살이 자리에서 일어나 오른쪽 어깨를 드러내고 합장하고 부처님을 향하여 여쭈었다.

『세존이시여, 관세음보살은 무슨 인연으로 관세음이라 하나이까.』

부처님이 무진의보살에게 말씀하셨다.

『선남자여, 만일 한량없는 백천만억 중생이 모든 괴로움을 받을 적에 관세음보살의 이름을 듣고 일심으로 관세음보살을 염하면 곧 그 음성을 관찰하고 다 해탈케 하느니라.

관세음보살의 이름을 지니는 이는 설사 큰

불에 들어가도 불이 능히 태우지 못하나니 이는 보살의 위엄과 신력을 말미암음이니라.

큰 물에 떠내려 가더라도 그 이름을 염하면 곧 얕은 곳을 얻게 되며, 만일 백천만억 중생이 금·은·유리·자거·마노·산호·호박·진주 등 보배를 구하려고 큰 바다에 들어갔다가 가령 폭풍에 밀려 그 배가 나찰들의 나라에 잡혔을 때라도 그 가운데 한 사람이라도 관세음보살의 이름을 염하는 이가 있으면 여러 사람들이 모두 나찰의 난을 벗어나게 되나니 이런 인연으로 관세음이라 하느니라.

또 어떤 사람이 해를 입게 되었을 때에 관세음보살의 이름을 염하면 그들이 가진 칼과 무기가 조각조각 부서져서 벗어나게 되느니라.

만일 삼천대천 세계에 가득한 야차와 나찰들이 와서 사람을 괴롭히려 하다가도 그 사

람이 관세음보살의 이름을 지성으로 염하면 이 악귀들이 흉악한 눈으로 보지도 못하거늘 하물며 해칠 수가 있으랴.

또 어떤 사람이 죄가 있거나 없거나 간에 수 갑과 고랑과 칼과 사슬이 그 몸을 속박하였더라도 관세음보살의 이름을 염하면 모두 부서지고 끊어져서 벗어나게 되느니라.

만일 삼천대천세계에 도적이 가득찼는데, 어떤 날 주인이 귀중한 보물을 가진 장사꾼들을 데리고 험난한 길을 지나갈 때에 그 중에 한 사람이 말하기를 「선남자들아, 무서워하지 말고 그대들은 일심으로 관세음보살의 이름을 염하라. 이 보살은 능히 중생들의 두려움을 없애주나니 그대들이 관세음보살의 이름만 염하면 이 도적들의 난을 벗어나게 되리라」하자 여러 장사꾼들이 함께 소리를 내어 「나무 관세음보살」하고 그 이름을 염

한 까닭으로 곧 벗어나게 되느니라.

무진의여, 관세음보살마하살의 위엄력과 신력이 이렇게 크나니라.

어떤 중생이 음욕이 많더라도 항상 관세음보살을 생각하고 공경하면 문득 음욕을 여의게 되고 만일 성내는 마음이 많더라도 항상 관세음보살을 생각하고 공경하면 문득 성내는 마음을 여의게 되고 만일 어리석은 마음이 많더라도 항상 관세음보살을 생각하고 공경하면 문득 어리석음을 여의게 되느니라.

무진의여, 관세음보살은 이러한 큰 위엄과 신력이 있어 이익케 하나니, 그러므로 중생들은 항상 마음으로 생각할 것이니라.

어떤 여인이 아들 낳기를 원하여 관세음보살께 예배하고 공양하면 문득 복덕 많고 지혜있는 아들을 낳게 되고 딸을 낳기를 원하면 문득 단정하고 어여쁜 딸을 낳으리니 전

세에 덕의 근본을 심었으므로 모든 사람이 사랑하고 공경하리라.

무진의여, 관세음보살은 이와 같은 힘이 있느니라.

만일 중생이 관세음보살께 공경하고 예배하면 복이 헛되지 않으리니 그러므로 중생들은 모두 관세음보살의 이름을 받아 지닐 것이니라.

무진의여, 어떤 사람이 육십이억 항하사 보살의 이름을 받아 지니고, 또 몸이 다하도록 음식과 의복과 침구과 의약으로 공양한다면 그대는 어떻게 생각하느냐.

이 선남자 선여인의 공덕이 많겠느냐.』

무진의보살이 말하였다.

『매우 많겠나이다. 세존이시여.』

부처님이 말씀하셨다.

『만일 어떤 사람이 관세음보살의 이름을 받

아 지니고 한때만이라도 예배하고 공양하면,
이 두 사람의 복이 꼭 같고 다름이 없어서 백
천만억 겁에 이르러도 다하지 아니하리라.
무진의여, 관세음보살의 이름을 받아 지니
면 이와 같이 한량없고 그지없는 복덕의 이
익을 얻느니라.』
무진의보살이 부처님께 사뢰었다.
『세존이시여, 관세음보살이 어떻게 이 사바
세계에 다니며, 어떻게 중생을 위하여 법을
말하며 방편의 힘은 어떠하나이까.』
부처님이 무진의보살에게 말씀하셨다.
『선남자여, 관세음보살은 부처의 몸으로써
제도할 이에게는 부처의 몸을 나타내어 법
을 말하고,
벽지불의 몸으로 제도할 이에게는 벽지불의
몸을 나타내어 법을 말하고 성문의 몸으로
제도할 이에게는 성문의 몸을 나타내어 법

을 말하느니라.

범천왕의 몸으로 제도할 이에게는 범천왕의
몸을 나타내어 법을 말하고,

제석천왕의 몸으로 제도할 이에게는 제석천
왕의 몸을 나타내어 법을 말하고,

자재천의 몸으로 제도할 이에게는 자재천의
몸을 나타내어 법을 말하고,

대자재천의 몸으로 제도할 이에게는 대자재
천의 몸을 나타내어 법을 말하고,

하늘 대장군의 몸으로 제도할 이에게는 하
늘 대장군의 몸을 나타내어 법을 말하고,

비사문의 몸으로 제도할 이에게는 비사문의
몸을 나타내어 법을 말하고,

작은 왕의 몸으로 제도할 이에게는 작은 왕
의 몸을 나타내어 법을 말하고,

장자의 몸으로 제도할 이에게는 장자의 몸
을 나타내어 법을 말하고,

거사의 몸으로 제도할 이에게는 거사의 몸을 나타내어 법을 말하고,

재상의 몸으로 제도할 이에게는 재상의 몸을 나타내어 법을 말하고,

바라문의 몸으로 제도할 이에게는 바라문의 몸을 나타내어 법을 말하느니라.

비구·비구니·우바새·우바이의 몸으로 제도할 이에게는 비구·비구니·우바새·우바이의 몸을 나타내어 법을 말하고,

장자·거사·재상·바라문·부인의 몸으로 제도할 이에게는 부인의 몸을 나타내어 법을 말하고,

동남·동녀의 몸으로 제도할 이에게는 동남·동녀의 몸을 나타내어 법을 말하느니라.

하늘·용·야차·건달바·아수라·가루라·긴나라·마후라가·사람·사람 아닌 이들의 몸으로 제도할 이에게는 다 그 몸을 나

타내어 법을 말하고,

집금강신으로 제도할 이에게는 집금강신을 나타내어 법을 말하느니라.

무진의여, 관세음보살이 이와 같은 공덕을 성취하고 가지가지 형상으로 여러 국토에 다니면서 중생을 제도하여 해탈케 하나니, 그러므로 그대들은 마땅히 한결같은 마음으로 관세음보살께 공양해야 하느니라.

관세음보살마하살은 무섭고 급한 재난 가운데서도 두려움을 없게 하나니 그러므로 이 사바세계에서 모두 그를 이름하여 두려움을 없애주는 분이라 하느니라.』

무진의보살이 부처님께 사뢰었다.

『세존이시여, 제가 지금 관세음보살께 공양하겠나이다.』

그리고 곧 목에 장식하였던 백천금이나 되는 영락을 드리면서 이렇게 말했다.

『어진 이시여, 법으로 보시하는 보배 영락을 받으옵소서.』

이 때에 관세음보살은 받지 않으려 하거늘 무진의가 다시 관세음보살께 여쭈었다.

『어진 이시여, 우리를 어여삐 여기시어 이 영락을 받으소서.』

이 때 부처님이 관세음보살에게 말씀하셨다.

『마땅히 이 무진의보살과 사부대중과 하늘·용·야차·건달바·아수라·가루라·긴나라·마후라가·사람·사람 아닌 이들을 어여삐 여겨서 영락을 받으라.』

곧 그때 관세음보살이 사부대중과 하늘·용·사람·사람 아닌 이들을 어여삐 여겨서 그 영락을 받아 두 몫으로 나누어 한 몫은 석가모니부처님께 공양하고 한 몫은 다보부처님께 공양하였다.

『무진의여, 관세음보살은 이렇게 자유자재한

신통의 힘이 있어 사바세계에 다니느니라.』

이 때에 무진의보살이 게송으로 여쭈었다.

　　묘한 상호 갖추신 부처님께

　　제가 지금 저 일을 묻자오니

　　불자들이 어떠한 인연으로써

　　관세음보살이라 이르나이까.

　　묘한 상호 갖추신 세존께옵서 게송으로

　　무진의에게 대답하시되

　　그대는 잘 들으라 관음의 높은 덕은 곳에

　　따라 마땅히 응하느니라.

　　큰 서원은 바다같이 깊어서

　　헤아릴 수 없는 여러겁 동안

　　여러 천억 부처님 모셔 받들며

　　청정한 큰 서원을 세웠느니라.

　　내 이제 그대에게 줄여서 말하노니

　　그 이름을 듣거나 모습을 보는 이가

　　지극한 마음으로 깊이 새기면

모든 세상 괴로움 소멸하리라.

어떤 이가 해치려는 생각을 품고

불구덩이에 밀어서 떨어뜨려도

관세음을 염하는 거룩한 힘이

불구덩을 못으로 변하게 하고

큰바다에 빠져서 떠내려갈제

용과 고기 귀신의 난을 만나도

관세음을 염하는 거룩한 힘은

파도를 잠재워 안온케 하네.

수미산 봉우리에 서 있을 때에

어떤 이가 밀어서 떨어뜨려도

관세음을 염하는 거룩한 힘이

해와같이 허공에 떠 있게 하고

흉악한 사람에게 쫓겨 가다가

금강산에 떨어져 굴러 내려도

관세음을 염하는 거룩한 힘이

털끝 하나 손상치 못하게 하네.

원수진 도적에게 둘러싸여서

제각기 칼을 들고 해하려 해도

관세음을 염하는 거룩한 힘이

그들에게 자비한 맘 생기게 하고

어쩌다가 국법을 어기게 되어

망나니의 칼끝에 서게 되어도

관세음을 염하는 거룩한 힘에

칼날이 조각조각 부수어지네.

옥중에 갇히어서 큰칼을 쓰고

손발에 고랑을 채웠더라도

관세음을 염하는 거룩한 힘에

저절로 시원하게 풀려 나오고

방자히 저주하며 독한 약으로

나의 몸을 해치려 할지라도

관세음을 염하는 거룩한 힘에

도리어 그 사람이 다치게 되네.

흉악한 나찰이나 독한 용들이

이내 몸을 해치려 한다 하여도

관세음을 염하는 거룩한 힘이

오히려 그들에게 항복케 하고

사나운 짐승들에 둘러싸여서

험상한 이와 발톱 무섭더라도

관세음을 염하는 거룩한 힘이

그들을 오히려 도망케 하네.

살모사 독사같은 무서운 독충들

독기가 불꽃처럼 내뿜더라도

관세음을 염하는 거룩한 힘에

소리 듣고 스스로 피하여 가고

검은 구름 천둥에 번개 치면서

우박과 소나기가 퍼붓더라도

관세음을 염하는 거룩한 힘에

잠시간에 흩어져 걷히게 되네.

중생들이 곤액과 핍박을 받아

한량없는 괴로움 닥치더라도

관세음의 기묘한 지혜의 힘이

세간의 모든 고통 구하여 주네.

신통하고 묘한 힘 두루 갖추고

지혜의 여러 방편 널리 닦아서

시방의 모든 세계 어디서든지

갖가지 몸 나투어 없는데 없어

가지가지 험하고 나쁜 갈래인

지옥과 아귀 축생들까지

나고 늙고 병들고 죽는 고통을

차츰차츰 모두 다 없애버리네.

참되고 깨끗하게 보살피시고

넓고크신 지혜로 관찰하시며

자비한 마음으로 보듬으시니

언제나 원하면서 우러를지라.

때 없이 청정하고 밝은 광명이

해와 같은 지혜로 어둠 깨치고

풍재와 화재들을 굴복시키고

골고루 이 세상 비춰주시니

대비는 체가 되고 계행은 우뢰되고

자비하신 마음은 묘한 큰 구름

감로의 법비를 내려 주셔서

번뇌의 더운 불꽃 소멸하오며

송사하고 다투는 법정에서나

무섭고 겁이 나는 진중에서도

관세음을 염하는 거룩한 힘이

원수들을 물리쳐 흩어버리네.

미묘한 음성이신 관세음보살

범천왕의 음성과 조수의 음성

세간의 음성보다 뛰어나시니

갈수록 사무침이 더해만 가네.

거룩하고 청정하신 관세음보살

중생들은 조금도 의심치 말고

세상사 고뇌 속의 등대이시니

능히 믿고 의지할 어버이시네.

여러가지 공덕을 다 갖추시고

자비한 눈길로 중생을 보시며

중생의 원함따라 복덕 주시어

그 공덕 한량없나니 예배할지라.

그 때에 지지(持地)보살이 자리에서 일어나

부처님 앞에 나아가 사뢰었다.

『세존이시여, 만일 중생으로서 이 관세음보

살보문품의 자재하신 법문과 넓은 문으로 나

타내시는 신통한 힘을 듣는 이가 있으면, 이

사람의 공덕이 적지 아니함을 알겠나이다.』

부처님이 이 모든 보문품을 말씀하실 때에

팔만사천 중생들이 위 없이 높고 평등한 아

뇩다라삼먁삼보리심을 내었다.

우리말 관세음보살보문품

그때에 무진의보살이 자리에서 일어나 오른쪽 어깨를 드러내고 합장하고 부처님을 향하여 여쭈었다.

『세존이시여, 관세음보살은 무슨 인연으로 관세음이라 하나이까.』

부처님이 무진의보살에게 말씀하셨다.

『선남자여, 만일 한량없는 백천만억 중생이 모든 괴로움을 받을 적에 관세음보살의 이름을 듣고 일심으로 관세음보살을 염하면 곧 그 음성을 관찰하고 다 해탈케 하느니라.

관세음보살의 이름을 지니는 이는 설사 큰

불에 들어가도 불이 능히 태우지 못하나니 이는 보살의 위엄과 신력을 말미암음이니라.

큰 물에 떠내려 가더라도 그 이름을 염하면 곧 얕은 곳을 얻게 되며, 만일 백천만억 중생이 금·은·유리·자거·마노·산호·호박·진주 등 보배를 구하려고 큰 바다에 들어갔다가 가령 폭풍에 밀려 그 배가 나찰들의 나라에 잡혔을 때라도 그 가운데 한 사람이라도 관세음보살의 이름을 염하는 이가 있으면 여러 사람들이 모두 나찰의 난을 벗어나게 되나니 이런 인연으로 관세음이라 하느니라.

또 어떤 사람이 해를 입게 되었을 때에 관세음보살의 이름을 염하면 그들이 가진 칼과 무기가 조각조각 부서져서 벗어나게 되느니라.

만일 삼천대천 세계에 가득한 야차와 나찰들이 와서 사람을 괴롭히려 하다가도 그 사

람이 관세음보살의 이름을 지성으로 염하면
이 악귀들이 흉악한 눈으로 보지도 못하거
늘 하물며 해칠 수가 있으랴.

또 어떤 사람이 죄가 있거나 없거나 간에 수
갑과 고랑과 칼과 사슬이 그 몸을 속박하였
더라도 관세음보살의 이름을 염하면 모두
부서지고 끊어져서 벗어나게 되느니라.

만일 삼천대천세계에 도적이 가득찼는데,
어떤 날 주인이 귀중한 보물을 가진 장사꾼
들을 데리고 험난한 길을 지나갈 때에 그 중
에 한 사람이 말하기를 「선남자들아, 무서워
하지 말고 그대들은 일심으로 관세음보살의
이름을 염하라. 이 보살은 능히 중생들의 두
려움을 없애주나니 그대들이 관세음보살의
이름만 염하면 이 도적들의 난을 벗어나게
되리라」하자 여러 장사꾼들이 함께 소리를
내어 「나무 관세음보살」하고 그 이름을 염

한 까닭으로 곧 벗어나게 되느니라.

무진의여, 관세음보살마하살의 위엄력과 신력이 이렇게 크나니라.

어떤 중생이 음욕이 많더라도 항상 관세음보살을 생각하고 공경하면 문득 음욕을 여의게 되고 만일 성내는 마음이 많더라도 항상 관세음보살을 생각하고 공경하면 문득 성내는 마음을 여의게 되고 만일 어리석은 마음이 많더라도 항상 관세음보살을 생각하고 공경하면 문득 어리석음을 여의게 되느니라.

무진의여, 관세음보살은 이러한 큰 위엄과 신력이 있어 이익케 하나니, 그러므로 중생들은 항상 마음으로 생각할 것이니라.

어떤 여인이 아들 낳기를 원하여 관세음보살께 예배하고 공양하면 문득 복덕 많고 지혜있는 아들을 낳게 되고 딸을 낳기를 원하면 문득 단정하고 어여쁜 딸을 낳으리니 전

세에 덕의 근본을 심었으므로 모든 사람이 사랑하고 공경하리라.

무진의여, 관세음보살은 이와 같은 힘이 있느니라.

만일 중생이 관세음보살께 공경하고 예배하면 복이 헛되지 않으리니 그러므로 중생들은 모두 관세음보살의 이름을 받아 지닐 것이니라.

무진의여, 어떤 사람이 육십이억 항하사 보살의 이름을 받아 지니고, 또 몸이 다하도록 음식과 의복과 침구과 의약으로 공양한다면 그대는 어떻게 생각하느냐.

이 선남자 선여인의 공덕이 많겠느냐.』

무진의보살이 말하였다.

『매우 많겠나이다. 세존이시여.』

부처님이 말씀하셨다.

『만일 어떤 사람이 관세음보살의 이름을 받

아 지니고 한때만이라도 예배하고 공양하면,
이 두 사람의 복이 꼭 같고 다름이 없어서 백
천만억 겁에 이르러도 다하지 아니하리라.
무진의여, 관세음보살의 이름을 받아 지니
면 이와 같이 한량없고 그지없는 복덕의 이
익을 얻느니라.』
무진의보살이 부처님께 사뢰었다.
『세존이시여, 관세음보살이 어떻게 이 사바
세계에 다니며, 어떻게 중생을 위하여 법을
말하며 방편의 힘은 어떠하나이까.』
부처님이 무진의보살에게 말씀하셨다.
『선남자여, 관세음보살은 부처의 몸으로써
제도할 이에게는 부처의 몸을 나타내어 법
을 말하고,
벽지불의 몸으로 제도할 이에게는 벽지불의
몸을 나타내어 법을 말하고 성문의 몸으로
제도할 이에게는 성문의 몸을 나타내어 법

을 말하느니라.

범천왕의 몸으로 제도할 이에게는 범천왕의 몸을 나타내어 법을 말하고,

제석천왕의 몸으로 제도할 이에게는 제석천왕의 몸을 나타내어 법을 말하고,

자재천의 몸으로 제도할 이에게는 자재천의 몸을 나타내어 법을 말하고,

대자재천의 몸으로 제도할 이에게는 대자재천의 몸을 나타내어 법을 말하고,

하늘 대장군의 몸으로 제도할 이에게는 하늘 대장군의 몸을 나타내어 법을 말하고,

비사문의 몸으로 제도할 이에게는 비사문의 몸을 나타내어 법을 말하고,

작은 왕의 몸으로 제도할 이에게는 작은 왕의 몸을 나타내어 법을 말하고,

장자의 몸으로 제도할 이에게는 장자의 몸을 나타내어 법을 말하고,

거사의 몸으로 제도할 이에게는 거사의 몸을 나타내어 법을 말하고,

재상의 몸으로 제도할 이에게는 재상의 몸을 나타내어 법을 말하고,

바라문의 몸으로 제도할 이에게는 바라문의 몸을 나타내어 법을 말하느니라.

비구·비구니·우바새·우바이의 몸으로 제도할 이에게는 비구·비구니·우바새·우바이의 몸을 나타내어 법을 말하고,

장자·거사·재상·바라문·부인의 몸으로 제도할 이에게는 부인의 몸을 나타내어 법을 말하고,

동남·동녀의 몸으로 제도할 이에게는 동남·동녀의 몸을 나타내어 법을 말하느니라.

하늘·용·야차·건달바·아수라·가루라·긴나라·마후라가·사람·사람 아닌 이들의 몸으로 제도할 이에게는 다 그 몸을 나

타내어 법을 말하고,

집금강신으로 제도할 이에게는 집금강신을

나타내어 법을 말하느니라.

무진의여, 관세음보살이 이와 같은 공덕을

성취하고 가지가지 형상으로 여러 국토에

다니면서 중생을 제도하여 해탈케 하나니,

그러므로 그대들은 마땅히 한결같은 마음으

로 관세음보살께 공양해야 하느니라.

관세음보살마하살은 무섭고 급한 재난 가운

데서도 두려움을 없게 하나니 그러므로 이

사바세계에서 모두 그를 이름하여 두려움을

없애주는 분이라 하느니라.』

무진의보살이 부처님께 사뢰었다.

『세존이시여, 제가 지금 관세음보살께 공양

하겠나이다.』

그리고 곧 목에 장식하였던 백천금이나 되

는 영락을 드리면서 이렇게 말했다.

『어진 이시여, 법으로 보시하는 보배 영락을 받으옵소서.』

이 때에 관세음보살은 받지 않으려 하거늘 무진의가 다시 관세음보살께 여쭈었다.

『어진 이시여, 우리를 어여삐 여기시어 이 영락을 받으소서.』

이 때 부처님이 관세음보살에게 말씀하셨다.

『마땅히 이 무진의보살과 사부대중과 하늘·용·야차·건달바·아수라·가루라·긴나라·마후라가·사람·사람 아닌 이들을 어여삐 여겨서 영락을 받으라.』

곧 그때 관세음보살이 사부대중과 하늘·용·사람·사람 아닌 이들을 어여삐 여겨서 그 영락을 받아 두 몫으로 나누어 한 몫은 석가모니부처님께 공양하고 한 몫은 다보부처님께 공양하였다.

『무진의여, 관세음보살은 이렇게 자유자재한

신통의 힘이 있어 사바세계에 다니느니라.』

이 때에 무진의보살이 게송으로 여쭈었다.

　묘한 상호 갖추신 부처님께

　제가 지금 저 일을 묻자오니

　불자들이 어떠한 인연으로써

　관세음보살이라 이르나이까.

　묘한 상호 갖추신 세존께옵서 게송으로

　무진의에게 대답하시되

　그대는 잘 들으라 관음의 높은 덕은 곳에

　따라 마땅히 응하느니라.

　큰 서원은 바다같이 깊어서

　헤아릴 수 없는 여러 겁 동안

　여러 천억 부처님 모셔 받들며

　청정한 큰 서원을 세웠느니라.

　내 이제 그대에게 줄여서 말하노니

　그 이름을 듣거나 모습을 보는 이가

　지극한 마음으로 깊이 새기면

모든 세상 괴로움 소멸하리라.

어떤 이가 해치려는 생각을 품고

불구덩이에 밀어서 떨어뜨려도

관세음을 염하는 거룩한 힘이

불구덩을 못으로 변하게 하고

큰바다에 빠져서 떠내려갈제

용과 고기 귀신의 난을 만나도

관세음을 염하는 거룩한 힘은

파도를 잠재워 안온케 하네.

수미산 봉우리에 서 있을 때에

어떤 이가 밀어서 떨어뜨려도

관세음을 염하는 거룩한 힘이

해와같이 허공에 떠 있게 하고

흉악한 사람에게 쫓겨 가다가

금강산에 떨어져 굴러 내려도

관세음을 염하는 거룩한 힘이

털끝 하나 손상치 못하게 하네.

원수진 도적에게 둘러싸여서

제각기 칼을 들고 해하려 해도

관세음을 염하는 거룩한 힘이

그들에게 자비한 맘 생기게 하고

어쩌다가 국법을 어기게 되어

망나니의 칼끝에 서게 되어도

관세음을 염하는 거룩한 힘에

칼날이 조각조각 부수어지네.

옥중에 갇히어서 큰칼을 쓰고

손발에 고랑을 채웠더라도

관세음을 염하는 거룩한 힘에

저절로 시원하게 풀려 나오고

방자히 저주하며 독한 약으로

나의 몸을 해치려 할지라도

관세음을 염하는 거룩한 힘에

도리어 그 사람이 다치게 되네.

흉악한 나찰이나 독한 용들이

이내 몸을 해치려 한다 하여도

관세음을 염하는 거룩한 힘이

오히려 그들에게 항복케 하고

사나운 짐승들에 둘러싸여서

험상한 이와 발톱 무섭더라도

관세음을 염하는 거룩한 힘이

그들을 오히려 도망케 하네.

살모사 독사같은 무서운 독충들

독기가 불꽃처럼 내뿜더라도

관세음을 염하는 거룩한 힘에

소리 듣고 스스로 피하여 가고

검은 구름 천둥에 번개 치면서

우박과 소나기가 퍼붓더라도

관세음을 염하는 거룩한 힘에

잠시간에 흩어져 걷히게 되네.

중생들이 곤액과 핍박을 받아

한량없는 괴로움 닥치더라도

관세음의 기묘한 지혜의 힘이

세간의 모든 고통 구하여 주네.

신통하고 묘한 힘 두루 갖추고

지혜의 여러 방편 널리 닦아서

시방의 모든 세계 어디서든지

갖가지 몸 나투어 없는데 없어

가지가지 험하고 나쁜 갈래인

지옥과 아귀 축생들까지

나고 늙고 병들고 죽는 고통을

차츰차츰 모두 다 없애버리네.

참되고 깨끗하게 보살피시고

넓고크신 지혜로 관찰하시며

자비한 마음으로 보듬으시니

언제나 원하면서 우러를지라.

때 없이 청정하고 밝은 광명이

해와 같은 지혜로 어둠 깨치고

풍재와 화재들을 굴복시키고

골고루 이 세상 비춰주시니

대비는 체가 되고 계행은 우뢰되고

자비하신 마음은 묘한 큰 구름

감로의 법비를 내려 주셔서

번뇌의 더운 불꽃 소멸하오며

송사하고 다투는 법정에서나

무섭고 겁이 나는 진중에서도

관세음을 염하는 거룩한 힘이

원수들을 물리쳐 흩어버리네.

미묘한 음성이신 관세음보살

범천왕의 음성과 조수의 음성

세간의 음성보다 뛰어나시니

갈수록 사무침이 더해만 가네.

거룩하고 청정하신 관세음보살

중생들은 조금도 의심치 말고

세상사 고뇌 속의 등대이시니

능히 믿고 의지할 어버이시네.

여러가지 공덕을 다 갖추시고

자비한 눈길로 중생을 보시며

중생의 원함따라 복덕 주시어

그 공덕 한량없나니 예배할지라.

그 때에 지지(持地)보살이 자리에서 일어나

부처님 앞에 나아가 사뢰었다.

『세존이시여, 만일 중생으로서 이 관세음보

살보문품의 자재하신 법문과 넓은 문으로 나

타내시는 신통한 힘을 듣는 이가 있으면, 이

사람의 공덕이 적지 아니함을 알겠나이다.』

부처님이 이 모든 보문품을 말씀하실 때에

팔만사천 중생들이 위 없이 높고 평등한 아

뇩다라삼먁삼보리심을 내었다.

우리말 관세음보살보문품

그때에 무진의보살이 자리에서 일어나 오른

쪽 어깨를 드러내고 합장하고 부처님을 향

하여 여쭈었다.

『세존이시여, 관세음보살은 무슨 인연으로

관세음이라 하나이까.』

부처님이 무진의보살에게 말씀하셨다.

『선남자여, 만일 한량없는 백천만억 중생이

모든 괴로움을 받을 적에 관세음보살의 이름

을 듣고 일심으로 관세음보살을 염하면 곧

그 음성을 관찰하고 다 해탈케 하느니라.

관세음보살의 이름을 지니는 이는 설사 큰

불에 들어가도 불이 능히 태우지 못하나니 이는 보살의 위엄과 신력을 말미암음이니라.

큰 물에 떠내려 가더라도 그 이름을 염하면 곧 얕은 곳을 얻게 되며, 만일 백천만억 중생이 금·은·유리·자거·마노·산호·호박·진주 등 보배를 구하려고 큰 바다에 들어갔다가 가령 폭풍에 밀려 그 배가 나찰들의 나라에 잡혔을 때라도 그 가운데 한 사람이라도 관세음보살의 이름을 염하는 이가 있으면 여러 사람들이 모두 나찰의 난을 벗어나게 되나니 이런 인연으로 관세음이라 하느니라.

또 어떤 사람이 해를 입게 되었을 때에 관세음보살의 이름을 염하면 그들이 가진 칼과 무기가 조각조각 부서져서 벗어나게 되느니라.

만일 삼천대천 세계에 가득한 야차와 나찰들이 와서 사람을 괴롭히려 하다가도 그 사

람이 관세음보살의 이름을 지성으로 염하면
이 악귀들이 흉악한 눈으로 보지도 못하거
늘 하물며 해칠 수가 있으랴.
또 어떤 사람이 죄가 있거나 없거나 간에 수
갑과 고랑과 칼과 사슬이 그 몸을 속박하였
더라도 관세음보살의 이름을 염하면 모두
부서지고 끊어져서 벗어나게 되느니라.
만일 삼천대천세계에 도적이 가득찼는데,
어떤 날 주인이 귀중한 보물을 가진 장사꾼
들을 데리고 험난한 길을 지나갈 때에 그 중
에 한 사람이 말하기를 「선남자들아, 무서워
하지 말고 그대들은 일심으로 관세음보살의
이름을 염하라. 이 보살은 능히 중생들의 두
려움을 없애주나니 그대들이 관세음보살의
이름만 염하면 이 도적들의 난을 벗어나게
되리라」하자 여러 장사꾼들이 함께 소리를
내어 「나무 관세음보살」하고 그 이름을 염

한 까닭으로 곧 벗어나게 되느니라.

무진의여, 관세음보살마하살의 위엄력과 신력이 이렇게 크느니라.

어떤 중생이 음욕이 많더라도 항상 관세음보살을 생각하고 공경하면 문득 음욕을 여의게 되고 만일 성내는 마음이 많더라도 항상 관세음보살을 생각하고 공경하면 문득 성내는 마음을 여의게 되고 만일 어리석은 마음이 많더라도 항상 관세음보살을 생각하고 공경하면 문득 어리석음을 여의게 되느니라.

무진의여, 관세음보살은 이러한 큰 위엄과 신력이 있어 이익케 하나니, 그러므로 중생들은 항상 마음으로 생각할 것이니라.

어떤 여인이 아들 낳기를 원하여 관세음보살께 예배하고 공양하면 문득 복덕 많고 지혜있는 아들을 낳게 되고 딸을 낳기를 원하면 문득 단정하고 어여쁜 딸을 낳으리니 전

세에 덕의 근본을 심었으므로 모든 사람이 사랑하고 공경하리라.

무진의여, 관세음보살은 이와 같은 힘이 있느니라.

만일 중생이 관세음보살께 공경하고 예배하면 복이 헛되지 않으리니 그러므로 중생들은 모두 관세음보살의 이름을 받아 지닐 것이니라.

무진의여, 어떤 사람이 육십이억 항하사 보살의 이름을 받아 지니고, 또 몸이 다하도록 음식과 의복과 침구과 의약으로 공양한다면 그대는 어떻게 생각하느냐.

이 선남자 선여인의 공덕이 많겠느냐.』

무진의보살이 말하였다.

『매우 많겠나이다. 세존이시여.』

부처님이 말씀하셨다.

『만일 어떤 사람이 관세음보살의 이름을 받

아 지니고 한때만이라도 예배하고 공양하면,
이 두 사람의 복이 꼭 같고 다름이 없어서 백
천만억 겁에 이르러도 다하지 아니하리라.
무진의여, 관세음보살의 이름을 받아 지니
면 이와 같이 한량없고 그지없는 복덕의 이
익을 얻느니라.』
무진의보살이 부처님께 사뢰었다.
『세존이시여, 관세음보살이 어떻게 이 사바
세계에 다니며, 어떻게 중생을 위하여 법을
말하며 방편의 힘은 어떠하나이까.』
부처님이 무진의보살에게 말씀하셨다.
『선남자여, 관세음보살은 부처의 몸으로써
제도할 이에게는 부처의 몸을 나타내어 법
을 말하고,
벽지불의 몸으로 제도할 이에게는 벽지불의
몸을 나타내어 법을 말하고 성문의 몸으로
제도할 이에게는 성문의 몸을 나타내어 법

을 말하느니라.

범천왕의 몸으로 제도할 이에게는 범천왕의
몸을 나타내어 법을 말하고,

제석천왕의 몸으로 제도할 이에게는 제석천
왕의 몸을 나타내어 법을 말하고,

자재천의 몸으로 제도할 이에게는 자재천의
몸을 나타내어 법을 말하고,

대자재천의 몸으로 제도할 이에게는 대자재
천의 몸을 나타내어 법을 말하고,

하늘 대장군의 몸으로 제도할 이에게는 하
늘 대장군의 몸을 나타내어 법을 말하고,

비사문의 몸으로 제도할 이에게는 비사문의
몸을 나타내어 법을 말하고,

작은 왕의 몸으로 제도할 이에게는 작은 왕
의 몸을 나타내어 법을 말하고,

장자의 몸으로 제도할 이에게는 장자의 몸
을 나타내어 법을 말하고,

거사의 몸으로 제도할 이에게는 거사의 몸

을 나타내어 법을 말하고,

재상의 몸으로 제도할 이에게는 재상의 몸

을 나타내어 법을 말하고,

바라문의 몸으로 제도할 이에게는 바라문의

몸을 나타내어 법을 말하느니라.

비구·비구니·우바새·우바이의 몸으로 제

도할 이에게는 비구·비구니·우바새·우바

이의 몸을 나타내어 법을 말하고,

장자·거사·재상·바라문·부인의 몸으로

제도할 이에게는 부인의 몸을 나타내어 법

을 말하고,

동남·동녀의 몸으로 제도할 이에게는 동

남·동녀의 몸을 나타내어 법을 말하느니라.

하늘·용·야차·건달바·아수라·가루

라·긴나라·마후라가·사람·사람 아닌 이

들의 몸으로 제도할 이에게는 다 그 몸을 나

타내어 법을 말하고,

집금강신으로 제도할 이에게는 집금강신을 나타내어 법을 말하느니라.

무진의여, 관세음보살이 이와 같은 공덕을 성취하고 가지가지 형상으로 여러 국토에 다니면서 중생을 제도하여 해탈케 하나니, 그러므로 그대들은 마땅히 한결같은 마음으로 관세음보살께 공양해야 하느니라.

관세음보살마하살은 무섭고 급한 재난 가운데서도 두려움을 없게 하나니 그러므로 이 사바세계에서 모두 그를 이름하여 두려움을 없애주는 분이라 하느니라.』

무진의보살이 부처님께 사뢰었다.

『세존이시여, 제가 지금 관세음보살께 공양하겠나이다.』

그리고 곧 목에 장식하였던 백천금이나 되는 영락을 드리면서 이렇게 말했다.

『어진 이시여, 법으로 보시하는 보배 영락을

받으옵소서.』

이 때에 관세음보살은 받지 않으려 하거늘

무진의가 다시 관세음보살께 여쭈었다.

『어진 이시여, 우리를 어여삐 여기시어 이

영락을 받으소서.』

이 때 부처님이 관세음보살에게 말씀하셨다.

『마땅히 이 무진의보살과 사부대중과 하

늘·용·야차·건달바·아수라·가루라·

긴나라·마후라가·사람·사람 아닌 이들을

어여삐 여겨서 영락을 받으라.』

곧 그때 관세음보살이 사부대중과 하늘·

용·사람·사람 아닌 이들을 어여삐 여겨서

그 영락을 받아 두 몫으로 나누어 한 몫은

석가모니부처님께 공양하고 한 몫은 다보부

처님께 공양하였다.

『무진의여, 관세음보살은 이렇게 자유자재한

신통의 힘이 있어 사바세계에 다니느니라.』

이 때에 무진의보살이 게송으로 여쭈었다.

묘한 상호 갖추신 부처님께

제가 지금 저 일을 묻자오니

불자들이 어떠한 인연으로써

관세음보살이라 이르나이까.

묘한 상호 갖추신 세존께옵서 게송으로

무진의에게 대답하시되

그대는 잘 들으라 관음의 높은 덕은 곳에

따라 마땅히 응하느니라.

큰 서원은 바다같이 깊어서

헤아릴 수 없는 여러 겁 동안

여러 천억 부처님 모셔 받들며

청정한 큰 서원을 세웠느니라.

내 이제 그대에게 줄여서 말하노니

그 이름을 듣거나 모습을 보는 이가

지극한 마음으로 깊이 새기면

모든 세상 괴로움 소멸하리라.

어떤 이가 해치려는 생각을 품고

불구덩이에 밀어서 떨어뜨려도

관세음을 염하는 거룩한 힘이

불구덩을 못으로 변하게 하고

큰바다에 빠져서 떠내려갈제

용과 고기 귀신의 난을 만나도

관세음을 염하는 거룩한 힘은

파도를 잠재워 안온케 하네.

수미산 봉우리에 서 있을 때에

어떤 이가 밀어서 떨어뜨려도

관세음을 염하는 거룩한 힘이

해와같이 허공에 떠 있게 하고

흉악한 사람에게 쫓겨 가다가

금강산에 떨어져 굴러 내려도

관세음을 염하는 거룩한 힘이

털끝 하나 손상치 못하게 하네.

원수진 도적에게 둘러싸여서

제각기 칼을 들고 해하려 해도

관세음을 염하는 거룩한 힘이

그들에게 자비한 맘 생기게 하고

어쩌다가 국법을 어기게 되어

망나니의 칼끝에 서게 되어도

관세음을 염하는 거룩한 힘에

칼날이 조각조각 부수어지네.

옥중에 갇히어서 큰칼을 쓰고

손발에 고랑을 채웠더라도

관세음을 염하는 거룩한 힘에

저절로 시원하게 풀려 나오고

방자히 저주하며 독한 약으로

나의 몸을 해치려 할지라도

관세음을 염하는 거룩한 힘에

도리어 그 사람이 다치게 되네.

흉악한 나찰이나 독한 용들이

이내 몸을 해치려 한다 하여도

관세음을 염하는 거룩한 힘이

오히려 그들에게 항복케 하고

사나운 짐승들에 둘러싸여서

험상한 이와 발톱 무섭더라도

관세음을 염하는 거룩한 힘이

그들을 오히려 도망케 하네.

살모사 독사같은 무서운 독충들

독기가 불꽃처럼 내뿜더라도

관세음을 염하는 거룩한 힘에

소리 듣고 스스로 피하여 가고

검은 구름 천둥에 번개 치면서

우박과 소나기가 퍼붓더라도

관세음을 염하는 거룩한 힘에

잠시간에 흩어져 걷히게 되네.

중생들이 곤액과 핍박을 받아

한량없는 괴로움 닥치더라도

관세음의 기묘한 지혜의 힘이

세간의 모든 고통 구하여 주네.

신통하고 묘한 힘 두루 갖추고

지혜의 여러 방편 널리 닦아서

시방의 모든 세계 어디서든지

갖가지 몸 나투어 없는데 없어

가지가지 험하고 나쁜 갈래인

지옥과 아귀 축생들까지

나고 늙고 병들고 죽는 고통을

차츰차츰 모두 다 없애버리네.

참되고 깨끗하게 보살피시고

넓고크신 지혜로 관찰하시며

자비한 마음으로 보듬으시니

언제나 원하면서 우러를지라.

때 없이 청정하고 밝은 광명이

해와 같은 지혜로 어둠 깨치고

풍재와 화재들을 굴복시키고

골고루 이 세상 비춰주시니

대비는 체가 되고 계행은 우뢰되고

자비하신 마음은 묘한 큰 구름

감로의 법비를 내려 주셔서

번뇌의 더운 불꽃 소멸하오며

송사하고 다투는 법정에서나

무섭고 겁이 나는 진중에서도

관세음을 염하는 거룩한 힘이

원수들을 물리쳐 흩어버리네.

미묘한 음성이신 관세음보살

범천왕의 음성과 조수의 음성

세간의 음성보다 뛰어나시니

갈수록 사무침이 더해만 가네.

거룩하고 청정하신 관세음보살

중생들은 조금도 의심치 말고

세상사 고뇌 속의 등대이시니

능히 믿고 의지할 어버이시네.

여러가지 공덕을 다 갖추시고

자비한 눈길로 중생을 보시며

중생의 원함따라 복덕 주시어

그 공덕 한량없나니 예배할지라.

그 때에 지지(持地)보살이 자리에서 일어나

부처님 앞에 나아가 사뢰었다.

『세존이시여, 만일 중생으로서 이 관세음보

살보문품의 자재하신 법문과 넓은 문으로 나

타내시는 신통한 힘을 듣는 이가 있으면, 이

사람의 공덕이 적지 아니함을 알겠나이다.』

부처님이 이 모든 보문품을 말씀하실 때에

팔만사천 중생들이 위 없이 높고 평등한 아

뇩다라삼먁삼보리심을 내었다.

사 경 본
우리말 관세음보살보문품

2019(불기2563)년 4월 5일 초판 1쇄 발행
2024(불기2568)년 7월 15일 초판 5쇄 발행

편 집 · 편 집 실
발행인 · 김 동 금
만든곳 · 우리출판사

서울특별시 서대문구 경기대로9길 62
☎ (02) 313-5047, 313-5056
Fax. (02) 393-9696
wooribooks@hanmail.net
www.wooribooks.com
등록 : 제9-139호

ISBN 978-89-7561-326-5 13220

정가 6,000원